AF349675

22 janvier 1894

VENTE APRÈS DECÈS DE MME C...

HÔTEL DROUOT, SALLE N° 6

Le Lundi 22 Janvier 1894, à deux heures un quart

MOBILIER ARTISTIQUE

ANCIEN ET DE STYLE

En partie

FOURNI PAR GIRARD

TAPISSERIES

Objets d'art, Tableaux, Dessins

Me Félix ALBINET	**M. A. BLOCHE**
COMMISSAIRE-PRISEUR	EXPERT PRÈS LA COUR D'APPEL
51, rue Maubeuge, 51	25, rue de Châteaudun, 25

EXPOSITION PUBLIQUE

Le Dimanche 21 Janvier 1894, de 2 heures à 5 heures 1/2

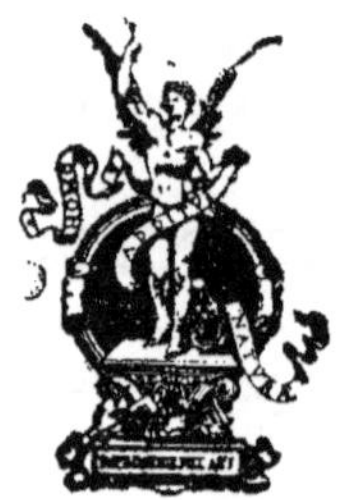

CONDITIONS DE LA VENTE

Elle sera faite au comptant.

Les acquéreurs payeront *cinq pour cent* en plus du prix d'adjudication.

L'Exposition mettant le public à même de se rendre compte de l'état des objets, il ne sera admis aucune réclamation une fois l'adjudication prononcée.

Paris. — Imp. de l'Art, E. Moreau et Cⁱᵉ, 41, rue de la Victoire.

DÉSIGNATION DES OBJETS

TAPISSERIES, MOBILIER, OBJETS D'ART

1 — Belle tapisserie du xvi⁰ siècle représentant
les Vendanges, composition de nombreuses
figures.

2 — Tapisserie du commencement du xvii⁰ siècle, scène allégorique à personnages.

3 — Petit panneau en tapisserie de Bruxelles du
xvii⁰ siècle, représentant plusieurs personnages, hommes, femmes et enfants portant
des offrandes.

4 — Joli écran en ancienne tapisserie au point
et au petit point, à personnages, encadré
d'ornements. Époque Louis XIV.

5 — Bordüre de tapisserie quatre côtés, dessin
à fleurs, fruits et feuillages.

6 — Quatre beaux dessus de sièges en ancienne
tapisserie au point et au petit point, médaill-
lons à personnages et fleurs, fond noir à
ramages.

7 — Dessus et dossier de siège en tapisserie au
point et au petit point, médaillons à personnages de la comédie italienne, fleurs et ani-
maux, encadrement à fleurs, fond havane clair.

8 — Huit dessus de sièges en tapisserie au point
et au petit point, travail ancien.

9 — Petit tapis en soierie rouge et broderies
métalliques représentant des fleurs et des
ornements. Époque Louis XVI.

10 — Quatre morceaux en soie ancienne vieil or
à arabesques, fleurs et feuillages.

11 — Deux fauteuils en bois sculpté couverts en
ancienne tapisserie représentant des rinceaux
et feuillages; les dossiers à paysages et
oiseaux. Louis XIII.

12 — Deux fauteuils en bois sculpté couverts en tapisserie. Louis XIII.

13 — Chaise en ancienne tapisserie représentant des Chinois dans un paysage.

14 — Chaise en ancienne tapisserie à fleurs et ornements.

15 — Tabouret forme X couvert en ancienne tapisserie fond vieil or à fleurs.

16 — Deux chaises couvertes en soie ancienne à bandes fond vert et crème à fleurs et arabesques.

17 — Deux fauteuils Dagobert en bois sculpté couverts en velours rouge.

18 — Grand et beau canapé en poirier sculpté à fleurs, mascarons, oiseaux et amours en relief, couvert en velours rouge avec applications de trois armoiries et guirlandes de fleurs en anciennne broderie de soie métallique. Style Louis XVI.

19 — Crédence en noyer sculpté, modèle Ducerceau à colonnes. Style Renaissance.

20 — Meuble à deux corps formant cabinet orné de mascarons et de cariatides de femmes. Travail partie époque Renaissance.

21 — Table en poirier noirci couverte en velours rouge, style Louis XIII, avec tablettes sur les côtés.

22 — Table en noyer sculpté avec tablettes sur les côtés, ouvrant à deux tiroirs. Style Renaissance.

23 — Petit canapé couvert en ancienne soie et broderie métallique, fond rouge à fleurs et arbustes garni de peluche. Henri II.

24 — Petite table en bois de fer de Chine, dessus en marbre.

25 — Petite table couverte en peluche rouge.

26 — Table à jeu en noyer ciré. Style Louis XV.

27 — Deux guéridons en bois, incrustés de nacre.

28 à 30 — Nombreuses partitions pour piano et pour chant.

31 — Bouteille forme gourde en ancien émail cloisonné, fond bleu à fleurs en polychrôme.

32 — Assiette en émail cloisonné, fond bleu, décor oiseaux.

33 — Deux petits vases en bronze du Japon.

34 — Chinois assis en pierre de lard, deux figurines.

35 — Petit brûle-parfums en bronze du Japon à jour, surmonté d'une chimère.

36 — Petite jardinière en émail cloisonné, fond bleu, à fleurs.

37 — Paire de petits vases en bronze.

38 — Quatre paires de flambeaux en bronze. (Sera divisé.)

*

39 — Paire de belles appliques en bronze à trois lumières, ornées de branchages. Louis XV.

40 — Paire d'appliques en bronze, à deux lumières. Louis XVI.

41 — Paire d'appliques en bronze, à trois lumières. Style Louis XIII.

42 — Applique en bronze tenant une lampe grecque en bronze.

43 — Lampe juive en bronze ancien.

44 — Encrier en bronze.

45 — Beau cartel en bronze doré, orné d'un mascaron de femme et de feuillages. Cadran signé : Le Nepveu, à Paris.

46 — Paire de chimères en grès.

47 — Devant de feu et galerie en bronze.

48 — Groupe en terre cuite : le Triomphe de Bacchus, de Rougelet. Sur socle en velours.

49 — Grande jardinière sur quatre pieds en bronze du Japon.

5o — Papeterie formant bureau en bois de violette, ornée de cuivre. Style Louis XVI.

5 1 — Vase à fleurs en bronze damasquiné du Japon.

5 2 — Vase ajouré en bronze du Japon.

53 — Vase à anses en bronze du Japon, décor fleurs et ornements en relief.

54 — Paire de petites torchères supportées par des têtes d'éléphants en bronze du Japon.

55 — Coupe en bronze du Japon sur piédouche à jour.

56 — Petit vase à jour en bronze du Japon.

57 — Ameublement de salle à manger en noyer sculpté, composé d'un beau buffet crédence formant vaisselier, à trois portes pleines dans le haut et dans le bas, orné de mascarons et

figurines en relief, une desserte, une table
à cinq rallonges et douze chaises cannées.
Style XVIe siècle. Travail de la maison Gi-
rard.

58 — Table en bois sculpté, avec tiroirs. Style
Louis XIII.

59 — Très belle cheminée en noyer sculpté, sur-
montée d'une glace et ornée d'un bas-relief
en bronze de Barbedienne.

60 — Grande carpette d'Orient, dessin polychrome.

61 — Lot de rideaux en drap rouge avec bandes
en tapisserie ancienne.

62 — Deux fauteuils couverts en étoffe ancienne
Henri II.

63 — Lustre à 12 lumières en cuivre. Travail
hollandais.

64 — Glace biseautée avec cadre en bois sculpté.
Époque Louis XIII.

65 — Grande glace biseautée avec cadre en bois
noir. Style Louis XIII.

66 — Beau groupe équestre en bronze : le Fau-
connier, de P. Mène. Signé. Sur socle.

67 — Paire de grandes et belles lampes en porcelaine de Chine, fond blanc, décor à figures
et objets d'ameublement.

68 — Grande coupe avec couvercle en porcelaine de Chine, décor à sujets et personnages
en polychrome.

69-80 — Nombreux plats et assiettes en porcelaine de Chine, du Japon (sera divisé).

81-90 — Nombreux plats et assiettes en faïence de
Strasbourg, Marseille, Delft, etc. (sera divisé).

91 — Deux coupes en ancienne porcelaine du
Japon, monture en bronze.

92-100 — Nombreux groupes et figurines en
porcelaine d'Allemagne (sera divisé).

101 — Service à thé en ancienne porcelaine
d'Anspach, fond blanc, décor à attributs de
musique en polychrome.

102 — Fontaine en ancienne faïence, décor fleurs
en vert et jaune.

103 — Deux vases, forme bouteille, en porcelaine
de Chine genre famille verte.

104 — Coupe en cristal et bronze argenté.

105 — Jardinière ronde en bronze du Japon.

106 — Bel ameublement de chambre à coucher
en noyer sculpté, style XVIᵉ siècle, composé
d'un lit à colonnes avec sa literie complète,
une armoire à glace biseautée et une table de
nuit.

107 — Ameublement de chambre à couche en
pitchpin composé d'un lit avec sa literie, et
une armoire à glace.

108 — Grand divan couvert en tapis d'Orient
avec quatre coussins.

TABLEAUX, DESSINS

109 — **Petitjean**. Paysage montagneux avec figures.

110 — **Chintreuil**. Ferme.

111 — **Blum** (**Maurice**). Le Prestidigitateur. Composition de cinq figures.

112 — **Werwart** (**L.**, **1877**). Chien.

113 — **Breton** (**Léon**). Marine.

114 — **École moderne**. Paysage avec ferme, poules et personnages.

115 — **Bujere**. Pont sur cours d'eau.

116 — **Dupré** (Attribué à **Jules**). Paysage.

117 — **École moderne**. Deux petits paysages avec monument.

www.ingramcontent.com/pod-product-compliance
Lightning Source LLC
LaVergne TN
LVHW010922180726
843502LV00010B/4253